Mandalas Astecas

Desenhos ancestrais para colorir

Ilustrações:
LILIA LUJÁN

V&R
EDITORAS

Lilia Luján (Cidade do México, 1965). Artista multidisciplinar, com mais de 150 exposições em diferentes países da América Latina e Europa, conta com uma extensa produção que inclui pintura, escultura, murais, ilustração, design de joias, arte têxtil; além de diversas peças de arte para decoração de residências e instituições privadas e públicas.

Suas obras estão sob os cuidados de fundações, organizações culturais, coleções particulares no México, Estados Unidos, Venezuela, Itália, França, Alemanha, Espanha, Holanda, Dinamarca, Inglaterra, Japão e Rússia. Também se encontram na Universidade Autônoma de Madri e na Universidade de Alcalá, Espanha, onde sua obra faz parte do patrimônio artístico. Também estão no Museu Poeta Javier de la Rosa (Gran Canária, Espanha), Museum of the Americas (Miami, Estados Unidos), Museu Claudio León Sempere (Buenos Aires, Argentina), Museu Piag (Flórida, Estados Unidos) e no Museu Almafuerte (La Plata, Argentina). Publicou quatro livros: *Luján: Arte contemporáneo* (México: Centro Urbano, 2007), *Arte huichol y sus mandalas* e *Luján: Minimal Aet. Artisbook* (México: Centro Urbano, 2011). Também colabora regularmente com diferentes publicações de arte, cultura, design, decoração e arquitetura.

www.lilialujanarte.com
www.lilialujan-decoracion.com.mx

V&R

Título original: *Mundo azteca: diseños modernos para colorear*
Ilustrações: Lilia Luján

www.vreditoras.com.br

Editor: Fabrício Valério
Assistente editorial: Natália Chagas Máximo
Tradução: Marcia Alves
Diagramação: Pamella Destefi

Rua Coronel Lisboa, 989 – Vila Mariana
CEP 04020-041 – São Paulo – SP
Tel./Fax: (55 11) 4612-2866
E-mail: editoras@vreditoras.com.br

ISBN: 978-85-7683-292-8

1ª edição, 2012 | 1ª reimpressão, 2015

Impressão e acabamento: Type Brasil
Impresso no Brasil • Printed in Brazil

Dados Internacionais de Catalogação na Publicação (CIP)
(Câmara Brasileira do Livro, SP, Brasil)

Luján, Lilia
Mandalas Astecas: Desenhos ancestrais para colorir / Lilia Luján; ilustração da autora. – São Paulo: Vergara & Riba Editoras, 2012.

ISBN 978-85-7683-292-8
1. Astecas 2. Mandala 3. Pintura I. Título.

12-08251 CDD-372.5

Índices para catálogo sistemático:
1. Pintura: Mandalas: Educação artística 372.5

Arte Asteca,
a sabedoria ancestral

Como uma pintura vamos nos apagando.
Como uma flor vamos secando...
Teremos que desaparecer.
Ninguém haverá de ficar.
NEZAHUALCÓYOTL DE TEXCOCO (1402-1472).

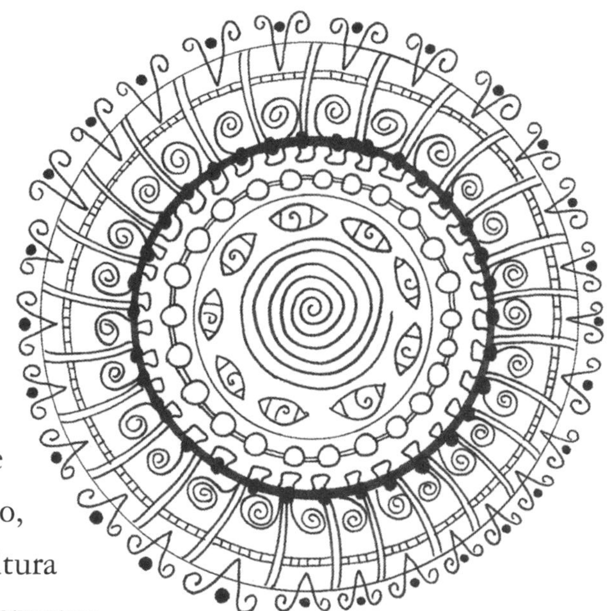

O Império Asteca ou Mexica foi a última grande civilização originária da Mesoamérica e, até hoje, provoca em todos uma enorme admiração. O legado cultural asteca é rico e variado, ele compreende não apenas sua arquitetura, escultura e seus escritos, mas também a forma como eles enxergavam e compreendiam o mundo e sua formação: a cosmovisão e a cosmogonia.

O cronista Bernal Díaz del Castillo, ao se lembrar do êxtase provocado pela visão da cidade de Tenochtitlán, capital do império, escreveu: "Ao ver tantas cidades e povos construídos sobre a água e sobre terra firme, e aquelas calçadas retas e elevadas, não pudemos conter nossa admiração, alguns se perguntavam se aquilo que estavam vendo era um sonho". Esse era o impressionante aspecto da cidade antes de os espanhóis a destruírem, em 13 de agosto de 1521, um dia depois de sua rendição.

Tenochtitlán era uma cidade lacustre que se comunicava com terra firme por meio de calçadas elevadas. Construída com minucioso urbanismo, contava com casas de dois pisos, com ruas limpas e jardins. Cada bairro dispunha de templos e altares para sacrifícios e a classe governante ocupava um lugar especial, a pirâmide do Templo Maior. O templo era rodeado por santuários, pelo palácio imperial, por um local para o jogo de bola (uma espécie de ancestral do futebol moderno) e por outras construções administrativas.

Na cidade, destacavam-se as pirâmides gêmeas do Templo Maior, cercadas pelos vulcões Iztaccihuatl e Popocatepetl, e, em todo o recinto, era possível apreciar o movimento da abóbada celeste. Na estação mais úmida, o sol nascia pelo Templo Azul de Tláloc (deus da chuva) e na estação seca nascia pelo Templo Vermelho de Huitzilopochtli (deus da guerra e do sol). Nos dois equinócios, o Sol aparecia entre esses dois templos.

Toda a construção seguia um padrão ou princípio de dualidade típico da cultura asteca. A seguir, algumas das maneiras como os astecas viam o universo, a religião etc.

Cosmovisão

A maneira como os astecas viam e entendiam o mundo era a seguinte: um universo horizontal composto por quatro direções mais o centro; um mundo vertical formado pela Terra, os céus (parte superior) e o submundo (parte inferior). O Sol, deus principal, nascia a Leste até chegar a pino e se punha a Oeste, para continuar posteriormente seu caminho pelo submundo e assim completar todo o ciclo e iniciar um novo dia.

Cosmogonia

Cosmogonia é um conjunto de teorias que busca explicar a origem do universo. Os astecas acreditavam na existência de um deus principal, Ometéotl (deus da dualidade). Esse deus dividia-se em masculino, Ometecuhtli (senhor da dualidade), e feminino, Omecíhuatl (senhora da dualidade). Ambos residiam no Omeyocan, o lar da dualidade.

Essa dupla de deuses, chamados de diferentes formas, tiveram quatro filhos, que receberam o nome de "os quatro Tezcatlipocas":

– Xipe Tótec - deus do fogo, associado ao Leste e à cor vermelha.

– Quetzalcóatl - deus do ar e da vida, associado ao Oeste e à cor branca.

– Tezcatlipoca - deus da guerra e do sol, associado ao Norte e à cor preta.

– Huitzilopochtli - também deus da guerra e do sol, associado ao Sul e à cor azul.

Esses deuses subdividiam-se ainda em múltiplas divindades.

Calendários

Os astecas possuiam dois calendários, um solar e outro cerimonial. A união desses calendários formava a chamada "roda calendárica".

– Calendário solar: são 365 dias compostos por 18 meses de 20 dias, cada um com seu respectivo nome, e mais 5 dias sem nome situados no final.

– Calendário cerimonial: são 260 dias, que se obtêm a partir da combinação dos nomes dos 20 dias com um número de um ciclo de 13.

– Roda calendárica: a união dos dois ciclos de tempo dos calendários anteriores demorava 52 anos para repetir o mesmo dia. Esses 52 anos são denominados "o século mesoamericano".

Religião

Existiam dois setores bem delimitados: o oficial, que correspondia ao das grandes cerimônias, sacrifícios, mitos e construções religiosas; e o popular, onde se consultavam os desígnios do calendário e se prestava culto doméstico às divindades.

O povo asteca, cujo idioma era o nauatle, provinha da mítica Aztlán, uma terra possivelmente localizada em uma ilha. Segundo o Códice Boturini, a peregrinação asteca remonta ao ano 1168. Após um longo período de quase dois séculos, eles abriram caminho até chegar a uma ilha do lago de Texcoco. Ali foi fundada a cidade de Tenochtitlán, atual Cidade do México. Esse lugar havia sido revelado pelo deus Huitzilopochtli, como uma ilha onde uma águia pousaria em um cacto para devorar uma serpente.

O primeiro assentamento teve origem em 1325 com a figura do soberano Itzcoatl que começou a supremacia asteca, com a formação da Tríplice Aliança (1433). Essa aliança uniu México, Texcoco e Tlacopan. Posteriormente, com seu sucessor Moctezuma Xocoyotzin, também chamado de Ilhuicamina, houve a total consolidação do império asteca. Seu domínio abrangia um extenso território de mais de 20.000 km^2 com uma população aproximada de 2 milhões de habitantes, dos quais 250 mil viviam na capital.

As conquistas de novos territórios desempenhavam um papel sagrado na visão asteca: era uma função social e religiosa de caráter divino, assim como uma reivindicação histórica.

Consideravam-se um povo eleito e todas as riquezas conseguidas dirigiam-se à corte e a uma casta religiosa, cada vez mais ostentosa e totalitária. Isso se refletia em homenagens e tributos em forma de construções: pirâmides, onde se realizavam sacrifícios humanos em honra aos deuses, aos quais eram oferecidos o coração. Assim, assegurava-se a permanência dos ciclos universais e o sangue cumpria o papel de manter a energia do Sol.

A chegada dos espanhóis, sob o comando de Hernán Cortés, coincidiu com o reinado de Moctezuma Xocoyotzin e pôs fim ao império asteca. Moctezuma interpretou a chegada espanhola como o regresso de Quetzalcóatl, o deus civilizador.

Modo de proceder

- Escolha o desenho que mais o atrai no momento.
- Escolha um lugar tranquilo onde você não seja incomodado enquanto estiver realizando esta atividade.
- Tenha à disposição grande quantidade de cores e de utensílios como marcadores, canetinhas, lápis de cor, giz de cera etc.
- Se quiser, modifique o desenho a seu gosto e agregue os elementos que desejar.
- Para compreensão dessa atividade, é importante que observe seu estado interior antes e depois de colorir. Antes de um trabalho de concentração, dez minutos podem ser suficientes para reencontrar a calma.
- Procure não começar várias mandalas ao mesmo tempo; termine uma antes de começar a outra.
- Em casa, pode ser uma atividade de relaxamento muito eficaz.

Estes desenhos foram inspirados na grande riqueza cultural asteca: religião, astronomia, mitologia, calendário, simbologia, arquitetura, escultura etc.

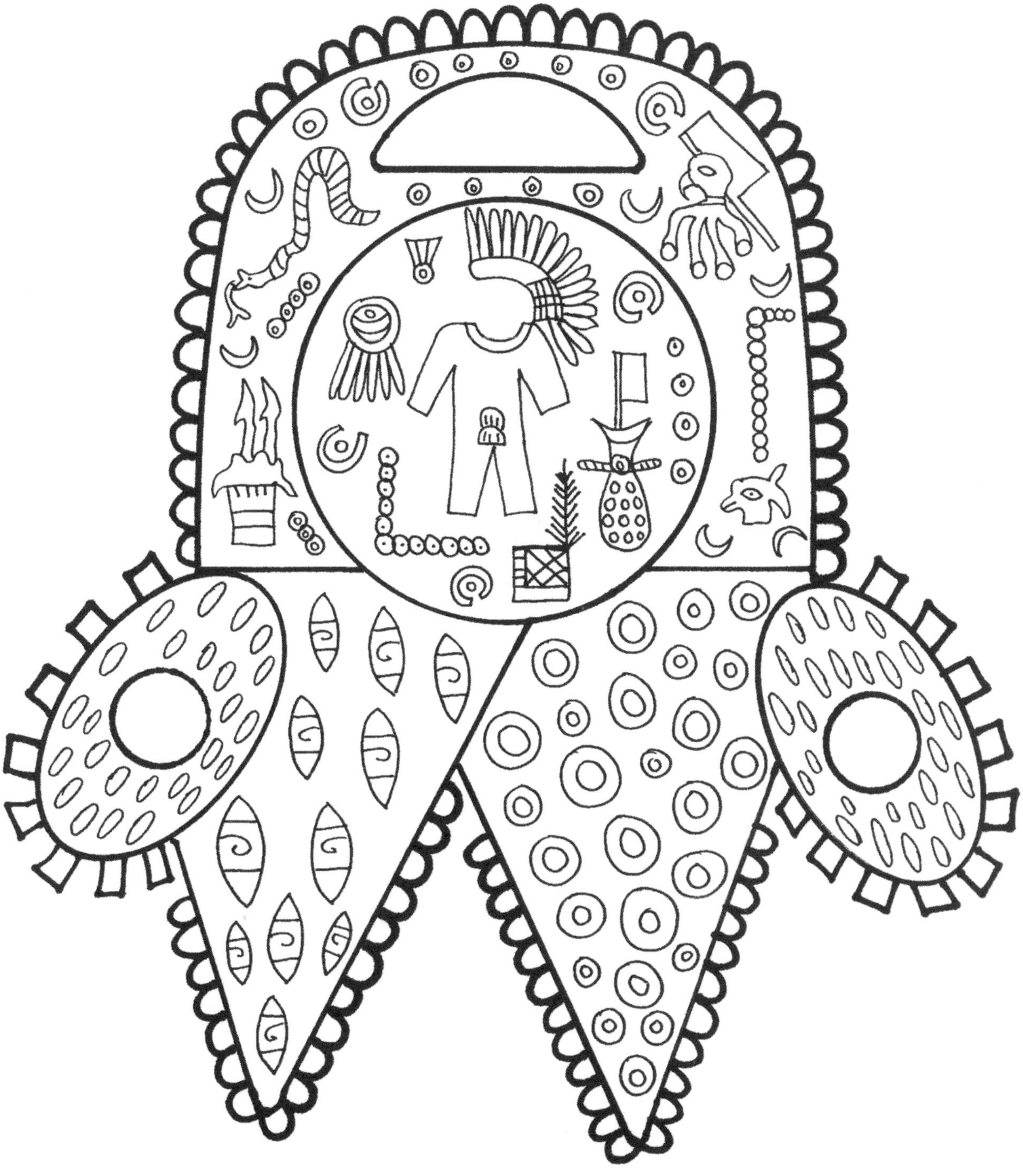

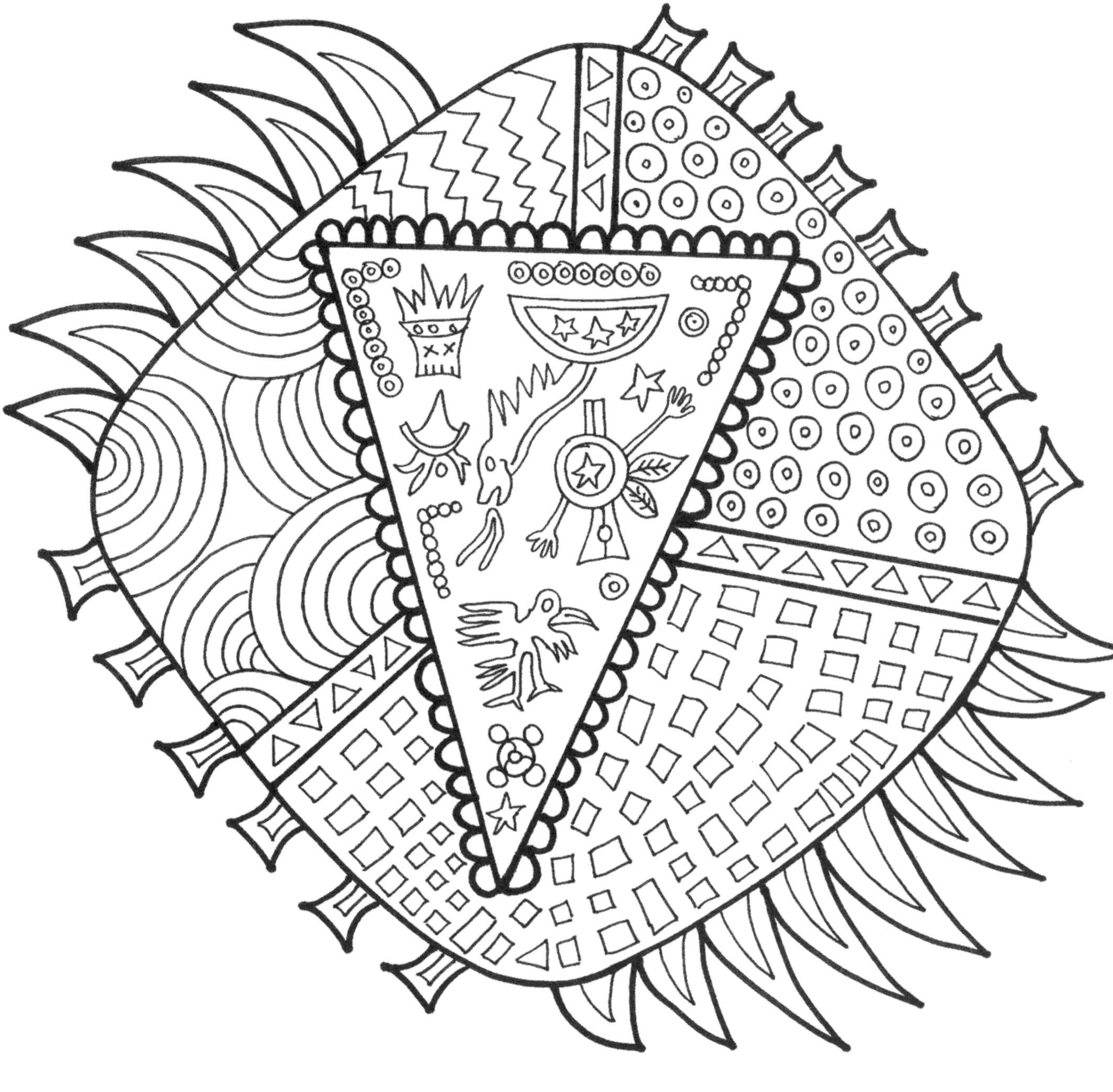

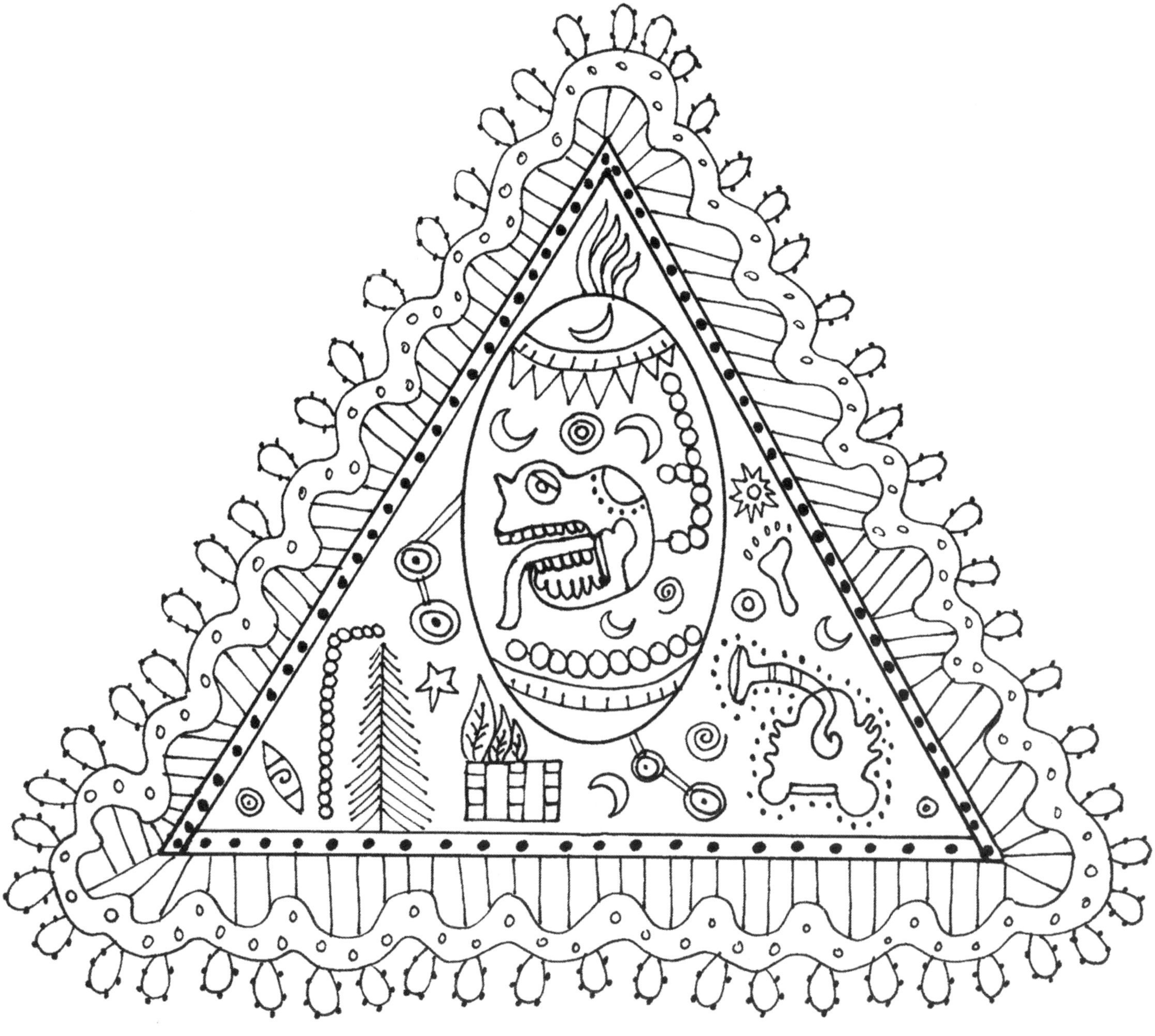

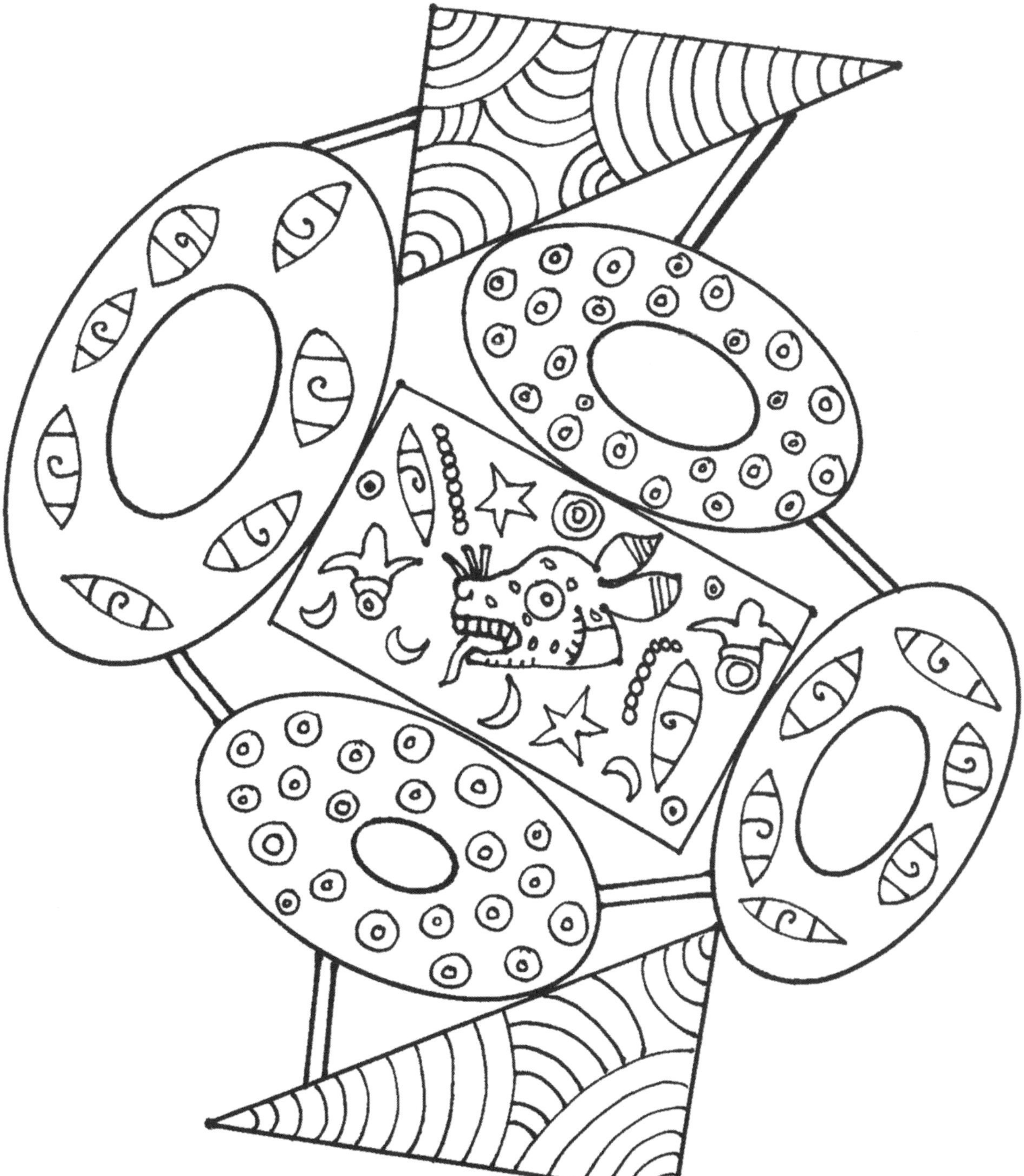

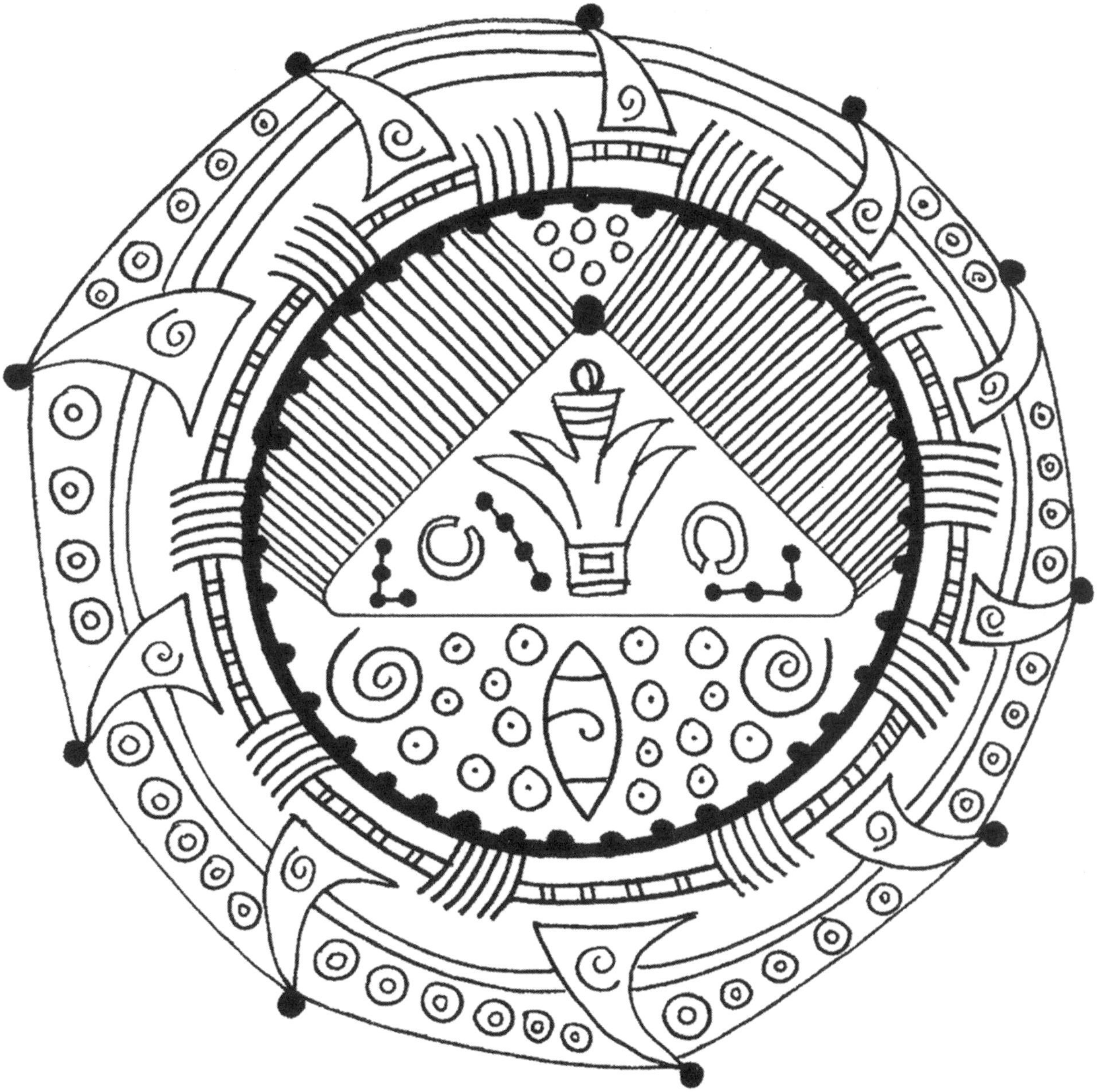

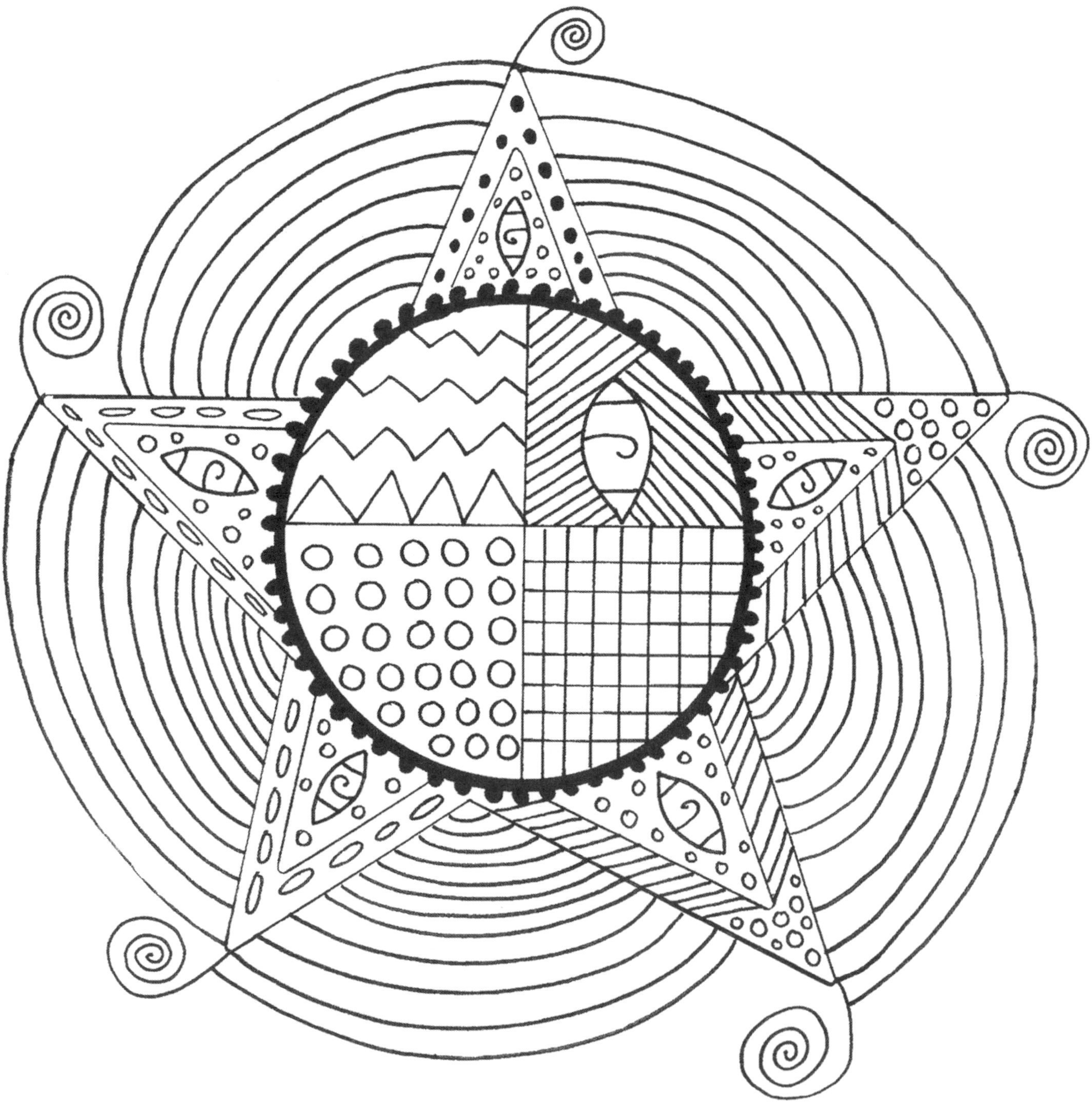

SUA OPINIÃO É MUITO IMPORTANTE!

Mande um e-mail para

opiniao@vreditoras.com.br

com o título deste livro no campo "Assunto".

Conheça-nos melhor em:

www.vreditoras.com.br